Linguaggio Del Corpo

Migliore Guida Per La Comunicazione Non Verbale

(10 Abilità Non-ovvie Del Linguaggio Corporeo)

Dario Zito

Traduzione di Daniel Heath

© **Dario Zito**

Todos os direitos reservados

Linguaggio Del Corpo: Migliore Guida Per La Comunicazione Non Verbale (10 Abilità Non-ovvie Del Linguaggio Corporeo)

ISBN 978-1-989808-93-1

TERMINI E CONDIZIONI

Nessuna parte di questo libro può essere trasmessa o riprodotta in alcuna forma, inclusa la forma elettronica, la stampa, le fotocopie, la scansione, la registrazione o meccanicamente senza il previo consenso scritto dell'autore. Tutte le informazioni, le idee e le linee guida sono solo a scopo educativo. Anche se l'autore ha cercato di garantire la massima accuratezza dei contenuti, tutti i lettori sono avvisati di seguire le istruzioni a proprio rischio. L'autore di questo libro non potrà essere ritenuto responsabile di eventuali danni accidentali, personali o commerciali causati da un'errata rappresentazione delle informazioni. I lettori sono incoraggiati a cercare l'aiuto di un professionista, quando necessario.

INDICE

Parte 1 1

Introduzione 2

Incremento Della Fiducia: Da Provare! 3

Ascoltare Aiuta A Ottenere Partecipazione......................... 5

I Gesti Giusti Per Rimuovere Gli Ostacoli E Incoraggiare Il Team... 7

Creare Legami Con La Stretta Di Mano 9

Il Sorriso Per Emanare Sentimenti Positivi 10

Imitare Espressioni E Postura Per Mostrare Accordo......... 12

Usare Le Mani Per Dare Peso Alla Comunicazione............. 13

La Verità È Nascosta Nei Piedi 14

Gambe Accavallate 15

Con I Piedi Per Terra 16

Dominare La Comunicazione Tenendo Bassa La Voce 16

Migliorare La Memoria Evitando Di Incrociare Gambe E Mani 18

Piedi A Forbice 20

Parte 2 22

Introduzione 23

Capire Il Linguaggio Del Vostro Corpo................................ 27

La Vostra Testa.. 27
Il Vostro Tronco 29
Le Vostre Gambe 30
I Vostri Piedi... 31

Usare Il Linguaggio Del Corpo Per Potenziare Abilità Sociali 33

Il Linguaggio Del Corpo Per Costruire Una Buona Relazione *38*
Osservate La Vicinanza....................... 38
Mantenete Il Contatto Visivo............................... 39
Rispecchiamento 40
Ripetete Ed Approvate... 41
Supponete Sia Un Vostro Amico 41
Imitate La Loro Tonalità 42

Usare Il Linguaggio Del Corpo Per Potenziare L'influenza .. 45

Iniziate Con Un Sorriso... 45
Entrate In Contatto Con Il Tatto 46
Usate L'intelligenza Dell'ombelico....................... 47
Usate La Mimica... 47
Rimuovete Le Barriere 48
Usate La Gestualità 48
Reggere Una Tazzina Di Caffè 52
Stringere 53

Usare Il Linguaggio Del Corpo Per Attrarre 54

Imparate Come Attrarre...................................... 55
Scoprite I Segnali 56
Rilevare Il "Battito Cardiaco"............................... 58
Osservate I Loro Piedi 59

Usare Il Linguaggio Del Corpo Per Stimolare L'autostima .. 61

Mettervi In Posizione Eretta, In Piedi O Seduti 61
Tenete Le Braccia Tese 62
Mani Alzate, Pugni Chiusi..................................... 63
Non Parlare Veloce 63
Usate Le Mani.. 64
Abbraccio... 65

Il Linguaggio Del Corpo Per Il Prestigio E La Leadership...... 67

Mantenete Il Contatto Visivo............................... 67

Compite Gesti Mirati 67
Regolate Le Strette Di Mano 68
Limitate Le Inclinazioni Della Testa 69
Occupate Spazio 69
Imparate Ad Interrompere 70

Conclusione 71

Parte 1

Introduzione

Il linguaggio del corpo può essere un modo per comunicare e capirsi. Quasi sempre, i segnali che le persone forniscono nel corso della comunicazione sfuggono o vengono fraintesi. D'altronde è inevitabile che sia difficile capire questi segnali senza conoscere il linguaggio del corpo, che è ricco, complesso e multicanale. Può sembrare una passeggiata, ma non lo è, salvo avere un minimo di infarinatura per quanto riguarda questo tipo di linguaggio. Le difficoltà possono proseguire anche dopo aver appreso come interpretare alcuni segnali, perché non tutte le persone usano gli stessi segnali per comunicare le stesse cose.

A ogni modo, è senz'altro utile approfondire la conoscenza del linguaggio del corpo per destreggiarsi nella comunicazione. Provate a osservare con attenzione e scoprirete che un buon oratore parla sempre esibendo un linguaggio del corpo molto intenso. Il controllo del linguaggio del corpo aiuta a ottenere l'attenzione degli spettatori e far sì che ascoltino con interesse. In quest'articolo vi presenterò 5 potentissimi trucchi del linguaggio del corpo che vi aiuteranno a sviluppare ed esprimere la vostra personalità.

Incremento della fiducia: da provare!

Come evidenziato dalle università di Harvard e Columbia, l'esposizione del proprio corpo aperto, in ampiezza, è considerata una "postura di forza". Quando la fiducia scarseggia, provate a posizionare le mani dietro la testa e a poggiare le gambe sul tavolo, o ancora provate astendere mani e gambe per un paio di minuti, da alzati. Farlo dovrebbe stimolare l'incremento del livello di testosterone, nonché ridurre il livello di stress.

L'ideale sarebbe provare queste posizioniquando siete giù ma avete bisogno di mostrarvi pieni di fiducia. Queste variazioni ormonali avvengono tanto negli uomini quanto nelle donne, e le posture di potenza riusciranno con efficacia a darvi la fiducia di cui avete bisogno, che a sua volta vi aiuterà a prendere decisioni ottimali anche nelle situazioni più rischiose. Includere questi piccoli accorgimenti nella vita di tutti i giorni permette di attrarre positività, perché le persone tendono a essere influenzate dal modo in cui ci sentiamo, più ancora che da quello che diciamo. Le posture di forza aumentano il testosterone e riducono il colesterolo, diminuendo così la percezione dello stress e migliorando la capacità di ottenere buoni risultati anche nelle situazioni più stressanti. Un solo consiglio: assicuratevi di non esibirvi in posture di forza di fronte a un potenziale futuro direttore o ai partecipanti alla vostra presentazione. Farlo potrebbe non portare a buoni risultati, perché rischia di farvi apparire come troppo sicuri e pieni di voi stessi. L'obiettivo è semplicemente quello di alterare la composizione chimica in modo tale da incrementare la fiducia e ottenere risultati ottimali in ogni circostanza. Èproprio a questo che servono le posture di forza. Pertanto, appena prima di un evento importante, recatevi in un bagno (possibilmente proprio all'interno della cabina) e dateci dentro con la vostra postura di forza. Mettete le mani sui fianchi, petto in fuori, schiena dritta, mento sollevato esguardo sicuro! Restate così per un paio di minuti (sono più che sufficienti) e sarete prontissimi ad affrontare qualunque ostacolo vi si parerà davanti.

Ascoltare aiuta a ottenere partecipazione

Ascoltare in modo corretto è essenziale se vogliamo che gli altri parlino apertamente. Assicuratevi di non dedicarvi al multitasking quando qualcuno sta parlando con voi. Sono compresi controllare l'orologio, guardare i messaggi sul telefono e altre azioni simili. È fondamentale mostrare attenzione piena, guardando dritto l'interlocutore. Annuire e farsi leggermente in avanti durante la conversazione sono modi per dimostrare che si è coinvolti e si sta dando peso alle parole. Le persone attente tengono in alta considerazione i propri interlocutori e garantiscono di aver compreso le informazioni recepite. Non possiamo permetterci di lasciarci distrarre da un aggiornamento di stato su Facebook o da una chiamata in arrivo. È necessario essere presenti nel momento.

Il linguaggio del corpo è un elemento fondamentale per garantire la riuscita. È proprio tramite questo prezioso compagno che possiamo trasformarci in persone più attente.

Anche se apprendere i segreti del linguaggio del corpo può richiedere fatica, è possibile che facciate già uso di alcuni di questi trucchetti senza esservene mai resi conto. Più diventerete consapevoli dei seguenti quattro fattori, più facile sarà per voi dedicare piena attenzione agli altri.

- Avvicinatevi all'interlocutore
- Assicuratevi di confrontare in modo diretto l'interlocutore
- Mantenete il contatto visivo quanto più a lungo possibile
- Inclinate lievemente il capo in direzione dell'interlocutore

Così facendo riuscirete a capire se l'altra persona è a suo agio, stressata o ansiosa, o ancora se ci sono incongruenze tra quello che sta dicendo e quello che comunica con il corpo.

I gesti giusti per rimuovere gli ostacoli e incoraggiare il team

La presenza di ostacoli tra noi e i membri del team con cui ci troviamo a lavorarecausa numerosi svantaggi. Ecco perché è assolutamente cruciale rimuovere queste ostruzioni, soprattutto durante le comunicazioni. Durante le pause caffè in ufficio, assicuratevi di reggere la tazza in modo tale che non vi impedisca di osservare i colleghi e le colleghe, oppure creerete una dannosa distanza tra voi. Per di più, sorreggere la tazza in modo troppo elevato, al di sopra del petto, è indice di scarsa sicurezza in sé stessi. Il caffè andrebbe tenuto al livello della vita, così da garantire la possibilità di intrattenere una conversazione aperta e pratica con gli altri. Quando ci alziamo per fare una presentazione o discutere di un lavoro di gruppo, ottenere la massima attenzione è fondamentale. Tuttavia, è molto difficile che accada. Uno dei segreti

per aumentare il coinvolgimento del pubblico consiste nella lettura dei segnali che indicano l'assenza di coinvolgimento stesso. Alcuni dei più comuni sono i seguenti:
- Chinano il capo.
- Toccano i vestiti o giocano con una penna.
- Gli occhi sono coperti, oppure lo sguardo è diretto altrove.
- Scrivono o scarabocchiano su fogli.
- Sono spaparanzati sulle sedie.

Quando vi capita di notare che qualcuno dei presenti non è coinvolto, potete fare un'osservazione o un commento finalizzato a riportare la loro attenzione su quanto state dicendo. Uno dei modi più semplici per farlo consiste nel porre una domanda.
Nel frattempo, non dimenticate di prestare attenzione anche a ciò che state comunicando con il vostro linguaggio del corpo.

Creare legami con la stretta di mano

Prima di iniziare una conversazione con qualcuno ricordatevi di stringergli la mano, perché toccare una persona da 1 a 40 secondi permette di creare un legame. La stretta di mano tradizionale fornisce un'impressione positiva a coloro con cui stiamo interagendo ed è particolarmente utile sul luogo di lavoro. Studi di esperti hanno dimostrato che stringere la mano degli altri aumenta la possibilità di ricordarne il nome, e che loro ricordino il nostro. In aggiunta, le strette di mano donano un'aria aperta e socievole. Se volete comunicare sincerità, assicuratevi di stringere la mano porgendo la mano con il palmo rivolto verso l'alto. Poniamo che vi attenda un colloquio. L'azione di scrutinio inizia nel momento esatto in cui entrate nel luogo preposto. Evitate di sistemarvi i vestiti o muovere troppo le mani. Se è presente una persona che intende accompagnarvi al luogo del colloquio, seguitela. Dimostrerete comprensione e rispetto delle regole. Al contrario di quanto comunemente creduto, i professionisti non cercano strette di mano particolarmente forti e saluti colmi di sicurezza. Molto più che sicuri di sé, conta apparire affidabili. Dunque assicuratevi di accogliere positivamente tutti i presenti, guardandoli negli occhi.

Il sorriso per emanare sentimenti positivi

Il sorriso ci rende più approcciabili, meritevoli di fiducia e cooperativi. Stimola, inoltre, il nostro senso di benessere. Un sorriso come si deve comincia dal lento piegarsi dell'area attorno agli occhi, illuminando il volto per poi svanire pian piano. Sorridere aiuta a ricevere risposte immediate dagli altri. Provate a sorridere a qualcuno, e scoprirete che con grande probabilità il sorriso verrà ricambiato. Il sorriso che riceviamo in risposta agisce nel modificare lo stato emotivo dell'altra persona, rendendolo più positivo. Sebbene il sorriso sia uno dei segni del corpo migliori in assoluto, è possibile interpretarlo in vari modi. Un sorriso può essere onesto, ma può essere anche usato per esprimere sarcasmo, fingere gioia o persino manifestare del cinismo.

Nella valutazione completa del linguaggio del corpo, focalizzatevi sugli altri piccoli segnali che accompagnano il movimento del sorriso. Labbra premute: serrare le labbra può essere un indicatore di disapprovazione, mancanza di fiducia o disgusto. Mordersi le labbra: molto spesso le persone si mordicchiano le labbra quando sono preoccupate, stressate o ansiose.

Coprirsi la bocca: può capitare che le persone coprano la bocca per evitare di mostrare eventuali sorrisetti e nascondere dunque il proprio entusiasmo.

Inclinazione verso l'alto o il basso: lievi modifiche nell'inclinazione delle labbra possono essere modesti indicatori dei sentimenti di una persona. Se le labbra sono appena appena rivolte verso l'alto, la persona potrebbe sentirsi felice o ottimista.Al contrario, labbra lievemente rivolte verso il basso possono indicare disapprovazione, tristezza, o persino avere l'intento di esibire una smorfia.

Imitare espressioni e postura per mostrare accordo

Se un conoscente o un collega mette in atto una replica del tuo linguaggio del corpo significa che sta esprimendo accordo con le tue decisioni o le tue parole. È molto importante tenere gli occhi aperti alla ricerca di questo segnale, perché può aiutarci a capire se c'è reciprocità di sentimenti e comprensione con la persona con cui stiamo interagendo. Tenere a mente questo segreto ci permetterà di scoprire quando gli altri sono d'accordo con noi o stanno capendo quello che diciamo. Provate a osservare il modo in cui i membri di una coppia si relazionano affettuosamente tra loro. Lo stesso vale anche per relazioni intime osservate dal vivo o persino in TV. Noterete che le posture dei presenti tenderanno a coordinarsi, come se divenissero specchio, riflesso gli uni degli altri.Che so, una delle due persone potrebbe far passare il braccio dietro la sedia, e l'altra persona potrebbe fare lo steso poco dopo. O ancora, uno dei due mostra un'espressione accigliata che verrà subito ripresa anche dall'altra persona. Ecco, questo "effetto specchio" è cruciale nel mostrare approvazione e interesse tra le persone.

Usare le mani per dare peso alla comunicazione

L'area del cervello umano in cui viene riprodotto il linguaggio si chiama Broca. Quest'area non entra in funzione solamente quando parliamo, ma anche quando muoviamo le nostre mani. I gesti con le mani sono grandi promotori delle nostre capacità di pensiero. Gli esperti e le esperte incoraggiano le persone a gesticolare quando stanno parlando o raccontando qualcosa. Farlo permette di dare maggior valore ai contenuti verbali. Usare le mani è utile per esprimere i pensieri con maggior chiarezza e per accompagnare e arricchire frasi costruttive. Di contro, va notato che sentimenti quali inadeguatezza o nervosismo possono facilmente essere riflessi nel nostro modo di gesticolare. Quando accade, la comunicazione può essere mal interpretata e suscitare distrazione. Ecco qualche esempio di gesto con relativo significato comunicativo: Braccia incrociate: disaccordo, voglia di tagliare corto, desiderio di proteggersi. Mani raccolte davanti a sé (in posizione "foglia di fico"): timidezza, bisogno di protezione, debolezza. Mani sui fianchi: paternalismo, condiscendenza, prepotenza. Mani nelle tasche: nervosismo. Può anche portare a giocherellare con monetine o chiavi, rendendo ancora più evidente che non sappiamo dove mettere le mani! Mani unite dietro la schiena: fare sfoggio di sé. Tenete bene a mente il significato di questi gesti, così da sapere come muovervi se volete apparire nervosi, prepotenti, condiscendenti, protettivi o deboli a seconda del luogo, del tipo di discorso e della situazione.

La verità è nascosta nei piedi

Quando cerchiamo di controllare il nostro linguaggio del corpo, siamo soliti focalizzare l'attenzione sulle espressioni facciali, sui movimenti delle mani e delle braccia e sulla postura. Dimentichiamo di concentrarci sulle gambe e sui piedi, le chiavi della verità. I movimenti dei piedi aumentano considerevolmente quando le persone sono in ansia o nervose. Giocherellare coi piedi, premerli l'uno contro l'altro o poggiarli l'uno sull'altro sono degli esempi. Osservare i piedi delle persone è di grande aiuto nel valutarne lo stato d'animo. L'importante è tenere a mente che, anche se non ce ne rendiamo conto, stiamo sempre comunicando anche con la gestualità dei nostri piedi.

Gambe accavallate

Nella "posizione standard" delle gambe accavallate, la gamba che finisce sull'altra è solitamente quella dominante. E sebbene incrociare le gambe possa comunicare un atteggiamento chiuso e riservato, generalmente non è affatto così. Spesso si tratta solamente di comodità e abitudine. Sedere senza possibilità di poggiare le braccia può essere spiacevole, e incrociare o accavallare le gambe permette di offrire una comoda sistemazione per le mani.

Con i piedi per terra

La tensione può logorare molte delle strutture del nostro linguaggio del corpo, e ciò è particolarmente evidente quando siamo seduti. Quando ci sediamo rilassandoci in modo completo, perdiamo il senso di direzione, smettendo di prestare attenzione a cosa facciamo, e possiamo facilmente lasciar trasparire negatività tramite movimenti e gesti involontari.

Dominare la comunicazione tenendo bassa la voce

È molto importante far caso al modo in cui parliamo durante telefonate o discorsi pubblici. Il tono di voce dovrebbe essere assolutamente ottimale. Assicuratevi di non alzare la voce al termine delle frasi, come se steste ponendo una domanda o cercando approvazione. Ogni discorso dovrebbe cominciare con una nota vocale precisa, innalzarsi lievemente nel mezzo, e poi tornare verso il basso intorno alla fine. Questa tecnica di pronuncia ed espressione è nota come arco autorevole.

La scelta delle parole, del modo di esprimerci e dell'intonazione costituisce il tono della voce, un punto di vista cruciale nell'invio di ogni messaggio. Un tono brusco, intenso e rude dona rabbia, mentre un tono calmante, morbido e lieve comunica piacere o delizia. L'intonazione è data dalla melodia e dai movimenti della nostra voce, dai bassi e dagli alti, e ci dice qualcosa anche relativamente all'interesse che nutriamo per quello che stiamo dicendo. Per esempio, parlare in monotono indica zero entusiasmo per i contenuti proposti.

L'intonazione della voce e gli accenti che poniamo su parole specifiche sono elementi che possono modificare il significato delle frasi. Assicuratevi quindi di decidere quali sono i punti chiave del discorso e studiate il tono e l'intonazione in modo tale che li enfatizzino. Se avete dubbi su come dovreste impostare la vostra voce, provate ad adattarla a quella della persona con cui state parlando. Il passaggio non dovrebbe essere troppo repentino, bensì graduale e discreto, sulla base dell'attento ascolto del tono e dell'intonazione della persona all'altro capo del telefono. Essere diretti è fondamentale. Siate consapevoli della vostra postura, afferrate il telefono, salutate in modo sincero, caldo e accogliente, parlate piano e con gentilezza, e badate a non stravaccarvi sulla sedia. Sedete dritti!

Migliorare la memoria evitando di incrociare gambe e mani

Gli esperti consigliano di non incrociare le gambe o le mani durante lezioni o convegni. Pare che le persone che tendono a farlo siano solite dimenticare la gran parte di ciò che hanno sentito. È quindi molto importante non incrociare arti e mani se volete mantenere alta l'attenzione. Tenere a mente questo dettaglio può anche aiutarci a capire chi, tra i nostri interlocutori, sta davvero ascoltando quello che abbiamo da dire. Incrociare le gambe potrebbe sembrare un semplice e anche sensato modo per celare la zona genitale, ma la nostra mente inconscia opera per lo più in modo irrazionale; o meglio, in modo che può apparire irrazionale ai nostri occhi. Per esempio, una persona che si sente sulla difensiva, potrebbe incrociare le gambe e le braccia in modo tale da raggiungere una sensazione di protezione totale, data dalla copertura di tutti i suoi fragili organi ventrali. Si tratta di una posizione spesso osservabile in persone che sono state escluse da un gruppo o da una discussione, poiché sono riflesso di sensazioni di non accettazione, ansia, o imbarazzo dovute al fatto di sapersi estranei rispetto al gruppo stesso.

Piedi a Forbice

Alcune volte, le persone che si sentono sulla difensiva mostrano un altro tipo di comportamento. Invece di incrociare le gambe da alzati, mettono un piede sull'altro, con quello superiore poggiato sulle dita di quello inferiore. È una sorta di incrociamento gambe parziale. Il soggetto si sente sì sulla difensiva, ma in modo per lo più inconscio e non eccezionalmente forte. Si sente vagamente insicuro, come se in qualsiasi momento potesse essere sorpreso da un colpo inaspettato. Questa stessa postura può indicare un tipo diverso di atteggiamento. Quando siamo troppo presi da una conversazione e proprio non vogliamo saperne di porvi fine, è possibile che finiamo col fissarci al pavimento piantando un piede sull'altro. L'atteggiamento comunicato è sempre quello difensivo e di "chiusura", ma è messo in atto per ragioni diverse.

Se presterete la dovuta attenzione alle informazioni e alle strategiefornite nel presente articolo, incrementerete l'efficacia della vostra comunicazione non verbale in ambito sociale e lavorativo.

Parte 2

Introduzione

Voglio ringraziarvi e complimentarmi con voi per aver scaricato il libro.
Questo libro ha informazioni complete che ti aiuteranno a capire il linguaggio del corpo e usarlo per influenza, successo e per essere un grande leader.
Gli esseri umani sono esseri sociali. E per noi per portare questo aspetto "sociale", la comunicazione, diventa parte integrante delle nostre attività quotidiane. Mentre molti di noi presumono che noi (gli umani) comunichiamo solo verbalmente, più di ciò che comunichiamo ogni momento viene fatto non verbalmente, specialmente attraverso il linguaggio del corpo.
Bene, il linguaggio del corpo è il nostro linguaggio più primitivo usato per anni, prima della nascita delle lingue. In quanto tale, è stato in qualche modo radicato nel sistema umano in modo tale che anche se nessuno ti insegna questo linguaggio, sarai comunque in grado di comunicare con altri che lo comprendono. L'unico problema è che con l'uso continuato della

comunicazione verbale, molti di noi difficilmente notano i segnali del linguaggio del corpo che abbiamo inviato o ricevuto mentre interagiamo con gli altri.

Una cosa interessante del linguaggio del corpo è che non mente mai; non puoi simularlo completamente, quindi se qualcuno è interessato a notare tutti i movimenti del tuo linguaggio del corpo, possono facilmente dire se stai mentendo, se sei onesto, fiducioso, ansioso, felice o se stai fingendo tutto. Ecco perché ci sono macchine della verità, essenzialmente progettate per testare diversi aspetti del tuo corpo quando stai dicendo una bugia e devi essere allenato appositamente per battere una macchina della verità.

Ovviamente, questo porta a vari problemi, poiché è molto probabile che inviamo o riceviamo il messaggio sbagliato inconsapevolmente. Bene, questo libro è qui per assicurarsi che questo non accada. Come saprai, c'è molto più per il linguaggio del corpo che dire se qualcuno sta mentendo o no. Puoi usare la padronanza del linguaggio del corpo in ogni aspetto della tua vita, compreso quello sociale e professionale, dato che stiamo sempre comunicando se vogliamo farlo o meno.

Il tuo linguaggio del corpo non dorme mai; anche la tua postura del sonno parla molto di te! Questo libro ti aiuterà a capire come liberare tutta la potenza del linguaggio del corpo nell'incrementare le tue abilità sociali, creare rapporti, aumentare la fiducia in se stessi, attrarre, stimolare l'autostima, lo status e la leadership.

Grazie ancora per aver scaricato questo libro, spero che ti piaccia!

Quando parliamo, facciamo tutti vari gesti, espressioni facciali, movimenti oculari e adattiamo varie posture del corpo, che se abbinate all'uso del tocco e della distanza sociale contribuiscono al concetto di linguaggio del corpo. Come tipo di comunicazione non verbale, il linguaggio del corpo implica quindi l'uso di segnali fisici per esprimere o interpretare uno stato mentale emozionale. Le persone capiscono le tue intenzioni e si riferiscono ai tuoi sentimenti in base a come interpretano i tuoi manierismi corporei.

Sulla base di uno studio recente, è stato stabilito che il linguaggio del corpo è più responsabile della prima impressione che le persone hanno di te rispetto alle semplici parole. I risultati mostrano che il 55% delle impressioni degli osservatori proviene da movimenti, gesti e posizioni del corpo. Il tono della tua voce contribuisce al 38% di ciò che la gente pensa di te con un semplice 7% guidato da ciò che dici. Detto ciò; essere in grado di leggere, interpretare e adottare il concetto di linguaggio del corpo è importante.

Ad esempio, il concetto è applicabile nella costruzione di relazioni, affari, politica, leadership, costruzione di rapporti, o anche nella conduzione di indagini. Oltre a essere in grado di interpretare gli stati emotivi di altre persone, puoi usare il linguaggio del corpo per ritrarre l'impressione che vuoi che le persone abbiano di te. Ad esempio, puoi usare le posture corrette per apparire più affidabile, sociale, fiducioso, attraente, influente e potente. Per leggere il linguaggio del corpo, devi solo identificare le posture familiari nel linguaggio del corpo e i loro stati emotivi corrispondenti. Ma a differenza della lingua dei segni, il linguaggio del corpo non ha una grammatica specifica, un significato assoluto o proprietà particolari e può essere interpretato in modo diverso. Diamo uno sguardo più da vicino a ciò che il linguaggio del corpo veramente comporta.

Capire il linguaggio del vostro corpo

Che vi piaccia o no, il linguaggio del corpo è reale e più velocemente comprendete il vostro linguaggio del corpo, meglio è per voi perché imparerete come usare il linguaggio del corpo per la comprensione. In questo capitolo, cercheremo di guardare le diverse parti del corpo e ciò che dicono in modo da poter imparare come comportarsi.

La vostra Testa
Sapevate che i vostri capelli comunicano molti dettagli sul vostro stato emotivo? Le

persone hanno giornate storte per vari motivi tra cui le emozioni o le sensazioni che possono avere. Ad esempio, potreste dimenticarvi di pettinare i capelli quando siete stressati, e quindi le persone possono capire a colpo d'occhio che non state bene. Il colore e il taglio dei capelli possono comunicare molto agli altri. Sebbene non sia possibile modificare la forma di occhi, naso o bocca, è possibile regolare parte del viso che riflette ciò che viene chiamato "regole di visualizzazione". Quando fate una smorfia, concentratevi su quello che succede sulla fronte poiché un gesto normale come alzare le sopracciglia dice molto. Quei muscoli facciali possono indicare che vi sentite a disagio o che state dicendo una bugia a fin di bene. D'altra parte, recitare con altre persone potrebbe farle sentire a disagio, mentre non guardarle negli occhi dimostra che siete disinteressati. Evitate di fare gesti offensivi tra di loro con lo sguardo sarcastico, anche quando pensate che nessuno lo possa rilevare.

Quando parlate con le persone che vi piacciono in occasione di eventi casuali, un amichevole scintillio può aiutarvi a rompere il ghiaccio e farvi apparire più accoglienti. Tuttavia, è necessario fare attenzione a non esagerare e strizzare l'occhio perché ciò potrebbe creare connotazioni negative. Quando si arriva al collo o al mento, cercate di usarlo per tenere la testa dritta al fine di mantenere gli occhi di fronte a voi. Ciò significa che siete pronti e sicuri di voi stessi.

Il vostro Tronco

Per dimostrare di avere il controllo dei vostri sentimenti o di essere fiduciosi, assicuratevi di mantenere la schiena dritta e di evitare di tenere le spalle barcollanti in avanti. Inoltre mantenetevi in posizione eretta, anche se non siete rigidi. In altri casi, potreste desiderare compassione o richiedere aiuto; quindi cercate di abbassarvi un po' senza esagerare. Non volete che le persone pensino che non vi sentite bene con voi stesi o che sviluppiate un problema di salute dovuto al cedimento cronico.

Siate consapevoli che braccia e mani possono comunicare noia o ansia anche senza la vostra intenzione. Non agitatevi di continuo o incrociate le braccia, o tenete le braccia sui fianchi, ciò dimostra quanto siete arroganti. Per incoraggiare un gesto amichevole e accogliente, trovate un modo neutro di posizionare le braccia come fossero tenute in grembo quando siete seduti, unite delicatamente. Quando le mani sono piegate delicatamente, evitate di gesticolare eccessivamente e quindi avete il controllo delle vostre emozioni. Se state in piedi, lasciate che le mani si rilassino ai vostri fianchi o un'altra postura confortevole.

Le vostre Gambe

Quando siete seduti in una postura a gambe chiuse, le persone potrebbero pensare che siete "chiusi" o nel tentativo di creare una mini-fortezza attorno a voi. Per evitare questa percezione negativa, tenete le gambe rilassate di fronte a voi, anche se non in modo da sembrare troppo sciatti. Se siete una donna che indossa una gonna corta, dovete controllare come tenete le gambe. Altre azioni che descrivono l'ansia o l'irritazione includono il tamburellare del piede o l'agitazione delle gambe quando si è seduti. Per creare una buona impressione, incrociate le gambe alle caviglie proprio come se stesse piegando le mani sulle ginocchia.

I vostri Piedi

A volte potreste voler colpire le dita dei piedi per attirare l'attenzione di qualcuno, ma le persone potrebbero pensare che abbiate fretta o siate ansiosi di andarvene. Mentre il battere le dita dei piedi può agire come un modo gentile per segnalare che si sente la mancanza di tempo senza dover urlare, attenzione, ciò potrebbe essere percepito come maleducato; quindi provate altri metodi per esprimere le vostre preoccupazioni. Quando vi muovete, provate a fare passi da gigante con un'andatura costante basata sulla vostra salute o età per apparire sicuri. Evitate cose come il broncio, lo stravaccarsi o il camminare in modo goffo in quanto ciò potrebbe dipingervi come timorosi o incerti sui vostri impegni.

Ora che capite meglio il linguaggio del corpo, vediamo come usarlo per migliorare le vostre abilità sociali.

Usare il Linguaggio del Corpo per Potenziare Abilità Sociali

Avere successo nelle trattative richiede che confermiate le parole con un linguaggio del corpo che esprima sicurezza, onestà o apertura. Fare in modo che altre persone si fidino di voi è un buon modo per aumentare il loro desiderio di cooperare con te e ottenere un consenso realistico. Questi suggerimenti possono aiutarvi a socializzare meglio con le persone:

1. Perfeziona la stretta di mano

Uno studio scientifico ha concluso che una stretta di mano può rendere le persone che incontri più a loro agio, aumentare l'onestà e aumentare la loro cooperazione. Le strette di mano possono esprimere il vostro livello di fiducia o sentimenti emotivi in base a quanto forte o debolmente li usate. La perfetta stretta di mano dovrebbe essere decisa. Assicuratevi di bloccare gli occhi durante a stretta di mano. Questo contatto visivo dura in genere da 3 a 5 secondi.

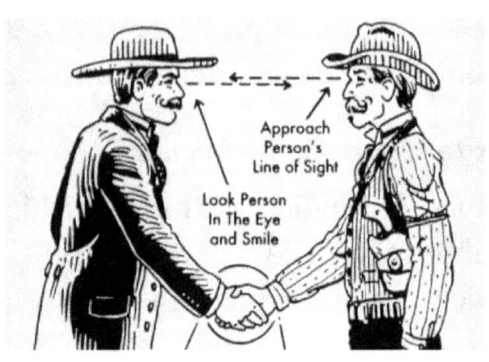

2. Mantenere il contatto visivo amichevole

Un contatto visivo corretto significa fiducia, apertura e sincerità, mentre evitare il contatto visivo può inibire o sviluppo di un buon rapporto. Quando parlate alle persone con gli occhi che guardano altrove, sembrate essere disonesti o sfuggenti, e questo può complicare la negoziazione. Cercate di guardare direttamente le persone con cui parlate anche se non avete bisogno di guardarle sempre dato che ciò può sembrare da lecchino e penserebbero che siete strani o qualcosa del genere. Guardateli per qualche istante, soprattutto quando cercate di spiegare qualcosa o quando ascoltate ciò che stanno dicendo. Potete guardare altrove per qualche secondo durante le interruzioni di conversazione.

3. Controllate le vostre espressioni facciali

Assicuratevi di coltivare segnali positivi con il mento in su, gli occhi rilassati e non ammiccanti e con la giusta altezza degli occhi. Non arricciate o acciglhiate il viso, ma piuttosto cercate di annuire o sorridere quando possibile, in quanto ciò aiuta a rompere un umore teso.

4. Mantenete lo spazio personale

La prossemica è una scienza dello spazio personale, che suggerisce la distanza minima accettabile che le persone dovrebbero osservare quando interagiscono. Non state troppo vicino quando parlate con le persone che avete appena incontrato, in quanto ciò può farle sentire a disagio. Rendetevi conto che questo può ridurre la loro attenzione verso la conversazione e alla fine interrompere il processo di negoziazione. Assicuratevi di rispettare lo spazio personale degli altri stando in piedi o seduti a circa 4 piedi di distanza. Cercate di studiare l'altra persona per valutarne il livello di comfort prima di avvicinarvi o toccarla.

Nota: le culture sono molto diverse su questo tema. Ad esempio, nel mondo occidentale, è scortese avvicinarsi troppo a qualcun altro, ma in Medio Oriente, comunicare quando si è troppo vicini gli uni agli altri è la norma. Come tale, cercate di capire i valori culturali delle persone in questione prima di trarre conclusioni.

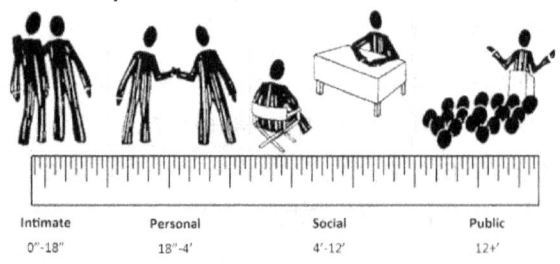

5. Tenete gli arti calmi e aperti

La postura raccomandabile è quella di mantenere le gambe calme e i movimenti delle mani limitati all'espressione come opposta all'agitarsi. Non battete i piedi o le dita, incrociate o tirate giù le gambe e intrecciate le mani. Le posture in cui le mani o le labbra sono incrociate suggeriscono che siete chiusi e inospitali, quindi tenderete a respingere le persone. Tenete gli arti aperti con una leggera distanza tra le mani per mostrare di essere pronto a considerare i punti di vista altrui. Anche, tenete le mani lontane dal viso e non serrate nel tentativo di rimanere aperti.

6. Rallentate e tacete

È bene ascoltare, rispettare e prendere in considerazione le opinioni altrui prima di fare qualsiasi contromossa. Non lasciate che il vostro desiderio di influenzare gli altri o l'eccitazione di conquistare le persone vi faccia sussultare e parlare sopra gli altri. Cercate il più possibile di ascoltare da vicino le altre persone; fate una pausa ogni tanto per considerare i loro pensieri e anche per mantenere la vostra reazione lenta e calma. Essere silenziosi può scatenare le insicurezze delle persone che incontrate, e persino fare in modo che un avversario chiacchieri in modo nervoso.

Il Linguaggio del Corpo per Costruire una Buona Relazione

Potete adottare alcune tattiche per attirare l'attenzione di una persona su di voi, dall'attraversare o puntare le gambe nella loro direzione, rivolgendovi a loro o aprendo la posizione del vostro corpo. Ricordate di creare congruenza tra ciò che fate e ciò che dite, cioè oltre a parlare con fiducia, lasciate che anche il vostro corpo lo mostri. Se vi è difficile creare tale congruenza, provate a esercitarvi davanti a uno specchio o a filmarvi mentre parlate ad un pubblico che conoscete. Con la pratica, potete assicurare che il vostro corpo trasmetta lo stesso messaggio delle parole usate. Questi suggerimenti possono aiutarvi a costruire un rapporto con le persone appena incontrate:

Osservate la vicinanza

La prossimità viene da una parola latina che significa prossimità o vicinanza, ma può anche essere usata per descrivere come ci relazioniamo o sviluppiamo rapporti. In alcuni casi, potete tendere ad avvicinarvi alle persone e probabilmente toccarle il braccio, e in realtà non notare che le state turbando. D'altra parte, mentre si parla in pubblico, si tende ad essere molto lontani dal pubblico, dietro il podio.

Cercate di avvicinarvi al pubblico per dimostrare che vi interessa; cioè se foste a 10 piedi di distanza; fate qualche altro passo avanti. Nel caso siate seduti dall'altra parte del tavolo da qualcuno; provate a sporgervi in avanti di circa 1-2 pollici. Essere molto lontano dal vostro pubblico o una persona con cui state parlando potrebbe dipingervi come ansioso o non sicuro. È necessario trovare il modo di utilizzare lo spazio disponibile per avvicinarsi al pubblico senza mettere a disagio l'altra persona.

Mantenete il contatto visivo

Questo è importante in quanto dimostra che siete degni di fiducia, indipendentemente dal fatto che stiate parlando o ascoltando. Assicuratevi di guardare direttamente nel triangolo del naso della persona, passando dall'occhio al naso e poi di nuovo all'occhio. Ascoltate anche altre persone e date risposte sincere e veritiere, per proiettare fiducia e comprensione.

Thinking alike

Copying the other person's gestures to gain acceptance

Rispecchiamento

Questo concetto è progettato in modo da creare un'espressione che voi siate sulla stessa lunghezza d'onda dell'altra persona. Il rispecchiamento si riferisce semplicemente all'imitazione del pattern vocale di un'altra persona e dei gesti inconsciamente. Il rispecchiamento è molto importante se volete costruire un rapporto perché fa sì che la persona con cui state conversando senta che la capite. Mentre rispecchiate il comportamento di qualcun altro, fate attenzione che non diventi sospetto perché potete facilmente spaventare qualcuno.

Ripetete ed approvate
Questa è una delle tattiche più semplici che la maggior parte delle persone dimentica quando costruisce il rapporto. Nel caso in cui la persona con cui parlate dica qualcosa che vi piace, ripetete una breve riassunto del loro discorso e approvate ciò che dice. Potete usare frasi di complimento come: fantastico, è fantastico, oh mi piace davvero o eccellente. Ciò può creare un'impressione che state ascoltando e anche rispettosa del punto di vista altrui.

Supponete sia un vostro amico
In circostanze particolari, vorreste parlare con le persone che avete appena incontrato in quanto amici intimi o persone con le quali dialogate regolarmente. Se parlate francamente come se vi fidate delle persone che incontrate, potete inviare segnali

subconsci all'altra persona per reagire allo stesso modo.

Imitate la loro tonalità

- Accenti
Provate a copiare l'accento della persona o delle persone con cui intendete costruire un rapporto, in base a come pronunciano le loro parole. Con uno studio sufficiente, potete imparare un po' il loro accento piuttosto che sembrare come se li prendessi in giro. Basta che li imitate quel tanto che basta per suggerire che potreste aver vissuto nella loro località e che vi interessano le loro tradizioni o costumi.

- Volume
Alcune persone tendono a parlare ad alta voce mentre altri parlano piano. Qualunque sia la situazione, cercate di parlare al loro volume il più possibile.

- Profondità vocale
Provate a imitare la profondità della loro voce. Dovete capire che le persone spesso parlano in uno dei 3 modi: attraverso il petto, la gola e il naso. Per scoprire con quali persone avete a che fare, confrontate come parlano in base alle

descrizioni sottostanti. Da lì potete facilmente variare la profondità della vostra voce un po' per farla corrispondere alla loro.
- Persone di gola: questa sembrerà suonare in modo simile a Kermit la Rana
- Persone di naso: questa tenderà a sembrare come se fossero in qualche modo congestionate.
- Persone di petto: queste persone tendono spesso a sembrare molto profonde e rumorose.

- Respiro
È anche consigliabile copiare il modo in cui le persone con cui parli respirano per creare una sincronizzazione ipnotica.
- Grado del discorso
Un'altra cosa che potete emulare è il loro modo di parlare, sia che parlino troppo veloce o molto lentamente. Nel caso in cui la persona parli lentamente e voi parlate più velocemente, rallentate il ritmo del discorso in quanto l'incapacità di farlo vi fa sembrare un venditore aggressivo. Se parlate molto velocemente, la persona può entrare in modalità difensiva e

sembrare come se stesse per reagire. Dall'altro lato, se parlate lentamente alle persone che parlano velocemente, potreste sembrare meno intelligente. Alcune persone parlano a ritmi regolari e altre a raffica. Per bilanciare gli scenari, prestate attenzione al ritmo o alla cadenza dei loro discorsi.

Usare il Linguaggio del Corpo per Potenziare l'Influenza

Se usate un linguaggio del corpo appropriato, potete trasmettere con successo potenza, sicurezza, assertività e fiducia, che faranno sì che le persone vi seguino. Creare fiducia reciproca tra te e le persone che avete scelto aiuta a farle sentire connesse a voi piuttosto che dominate. Questi suggerimenti possono aiutarvi a influenzare le persone a supportare le vostre idee:

Iniziate con un sorriso

Questa è una tecnica di base. Un grande sorriso può far sì che le persone vi vedano come una persona fiduciosa, cordiale e alla mano di cui possono fidarsi, qualcosa di cui avete bisogno per influenzare le persone. Sulla base della ricerca, è più facile per far sì che le persone considerino il vostro punto di vista se sono attratte da voi.

Quando incontrate persone nuove, sorridete in modo genuino, iniziando dagli occhi e non solo dalla bocca. Se non siete di buon umore, ricordate una delle vostre occasioni più felici o le persone che amate, rilassatevi e poi fate un sorriso sincero. Cosa succede se la persona è di cattivo umore? In questi casi, cercate di apparire comprensivi e poi lentamente sorridete.

Entrate in contatto con il tatto

Per secoli, le strette di mano sono state usate come un modo educato per mostrare interesse o apprezzare le persone che incontrate. Oltre a una stretta di mano calda, potete scegliere di toccare il braccio o la spalla dell'altra persona come un modo per costruire un rapporto e una connessione.

Una certa ricerca ha scoperto che una pacca nella parte posteriore ha aiutato ad aumentare i suggerimenti che i clienti lasciavano con i loro server. Per i clienti che nessuno ha toccato, la ricerca ha rilevato una media del 12%. Tuttavia, le punte sono aumentate del 14% rispetto a quelle sulle spalle e del 17% circa per i clienti toccati due volte. Toccare un cliente in modo amichevole e caloroso ha anche dimostrato di aumentare il tempo che trascorrono in un negozio e i soldi spesi per lo shopping. Tuttavia, fate attenzione a non esagerare e tenete presente che alcune culture potrebbero considerare un gesto così caloroso come inappropriato.

Usate l'intelligenza dell'ombelico

Questo fu un termine sviluppato da un autore chiamato Janine Driver, inteso a valutare il livello di influenza di una persona. Quando parlate alle persone, tendete a puntare l'ombelico l'uno verso l'altro. Ogni volta che gli ombelichi sono si guardano, è più facile leggere e influenzare l'altra persona senza farle dire una parola.

Usate la mimica

Questo concetto è progettato per aiutarvi a guidare la connessione emotiva, rispecchiando il comportamento della persona o delle persone con cui parlate. Il rispecchiamento autentico avviene in modo naturale e quando le persone vi imitano, questo è un segno di relazione o accordo. Nel caso in cui notate che le persone visualizzano espressioni diverse come vostra, trovate modi migliori per cambiarle e vincerle.

Rimuovete le barriere
Gli ostacoli che esistono tra voi e il pubblico possono rendere più difficile conquistare la loro fiducia o influenzarli. Minore è il numero di barriere tra le due parti, maggiore è la connessione emotiva. Una volta connessi a loro, potete influenzare le loro emozioni o processi di pensiero a vostro vantaggio.

Usate la gestualità
La ricerca ha dimostrato che la maggior parte degli oratori influenti del mondo usano i gesti delle mani per influenzare il modo in cui il pubblico pensa. Esistono 3 potenti movimenti che potete provare:

- Steepling
  Questo è un breve gesto che ottieni mettendo le mani in posa come una

preghiera. Potete usare il gesto per mostrare sicurezza e potere, ma dovreste usalo con moderazione. Il basketball steeple è un gesto potente considerato meno arrogante o assertivo, ma offre comunque lo stesso forte messaggio di fiducia.

Il segno A-OK con due dita
Potete anche usare questo gesto quando intendete enfatizzare un punto chiave. Usate 2 dita per creare un segnale di OK per approvare o dire che tutto va bene.

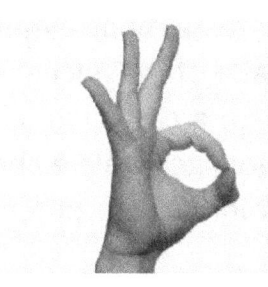

Palmo Aperto
Potete riuscire ad invitare altre persone nel vostro spazio in maniera amichevole mostrando il palmo della mano. Un palmo aperto illustra che non siete una minaccia o una persona da temere.

Adattate la "Postura di Potenza"
Questo può essere ottenuto aprendo il corpo e riempiendo più spazio. Questa posizione ha dimostrato di aumentare la confidenza, la fiducia e l'influenza. Ad esempio, potete scegliere di stringere le mani dietro la testa mentre mettete i piedi sulla scrivania. Potete anche scegliere di stare con i piedi a cavalcioni e le mani sui fianchi. La regola generale è che più spazio prendete, più influenti o potenti apparite.

Provate anche la posa a "stella" con le braccia e le gambe distese; o state dritti mentre usate gesti espansivi.

Sulla base della ricerca, i laureati sono stati trovati a dare discorsi più impressionanti in colloqui di lavoro se avessero inizialmente trascorso 2 minuti in pose di potenza. Un'altra ricerca ha rivelato che tali atteggiamenti aumentano il livello di testosterone, aumentano la fiducia e la stima e motivano una persona a rischiare. Il potere vi fa anche aprire la mente e fa calmare una mente stressata o i nervi. Alcune posizioni di potere comune includono:

- Sedersi su una sedia, con i piedi incrociati su un tavolo, le mani poste dietro la testa e i gomiti sollevati.
- In piedi mentre vi appoggiate al bordo del tavolo, le braccia si trovano alla larghezza delle spalle e le dita si allargano sul tavolo.
- In piedi con le gambe posizionate alla larghezza delle spalle, il petto fuori e le braccia in vita.

- Seduti su una sedia, una gamba incrociata sopra il ginocchio, i gomiti sollevati e la mano posizionata dietro la testa.
- Seduti su una sedia, aperte le gambe e il braccio posto sulla sedia o sul tavolo accanto a voi.

Reggere una tazzina di caffè

Per quanto strano possa sembrare, la tecnica funziona davvero. Uno studio scientifico ha rivelato che i partecipanti che tenevano una tazzina di caffè caldo si sentivano più sicuri. Queste persone erano persino percepite come "più morbide" rispetto a coloro che reggevano una bevanda fredda. Sulla base di questa ricerca, si è visto che reggere una bevanda calda mostrava generosità e accoglienza. Al contrario, se volete tenere un discorso di negoziazione forte, considerate di tenere il caffè freddo o l'acqua fredda per apparire "più duri".

Stringere
Una ricerca ha rivelato che stringere i vari muscoli delle dita, delle mani, dei bicipiti o dei polpacci può aiutare le persone a migliorare l'autocontrollo. Stringere i muscoli può anche darvi più potere, aumentare la vostra sicurezza e aiutarvi a influenzare le persone.

Usare il Linguaggio del Corpo per Attrarre

Il primo passo per capire come il linguaggio del corpo può aiutare a migliorare l'attrazione è considerare le prime impressioni. Entro i primi secondi dall'incontro, potete sapere se una persona è attratta da voi oppure no. Ci sono due prospettive del linguaggio del corpo che contano davvero:

- Disponibilità
  I maschi o le femmine più attraenti hanno un linguaggio del corpo che è "disponibile". Questo si riferisce alle persone a cui piace sorridere, stare in piedi o sedersi con gambe o braccia non incrociate e quelli che guardano avanti.

- Fertilità
  Ci sono vari segnali del linguaggio del corpo che illustrano la fertilità e la giovinezza. Per esempio, gli uomini che stanno in piedi dritti, con le spalle o i piedi squadrati oltre la larghezza delle spalle tendono ad essere più "fertili". Per le donne, provate a fare passi come tenere i

capelli bassi, mani e polsi visibili per mostrare la pelle morbida o inclinare la testa per rivelare i feromoni.

Questi passaggi vi fanno apparire attraenti verso il sesso opposto.

Imparate come attrarre

Una volta che siete convinti che vi piace la persona, il vostro corpo inizia a essere trasformato in modo tale da rivelare l'attrazione per la persona. Per esempio, le vostre guance possono arrossire per farvi apparire eccitati, con le labbra gonfie e poi i feromoni si scuotono. Potete utilizzare questi passaggi per attirare l'altra persona:

- Avvicinarsi

Per mostrare che siete interessati, provate ad inclinarvi verso l'altra persona. Questo funziona particolarmente se in un gruppo di persone o se la persona da cui siete attratti si trova in un gruppo. Provate ad appoggiarvi a loro, nel tentativo di attirarli o tirarli inconsciamente a voi.

- Inclinare la testa
Questo è un altro modo per mostrare interesse o connessione. Nel caso stiate parlando con qualcuno, mostrate di essere colpiti inclinando la testa e guardarli dritto negli occhi. Assicuratevi di non guardare in giro per la stanza, o sopra la testa per tutto il tempo poichè questo mostra disinteresse o insensibilità.

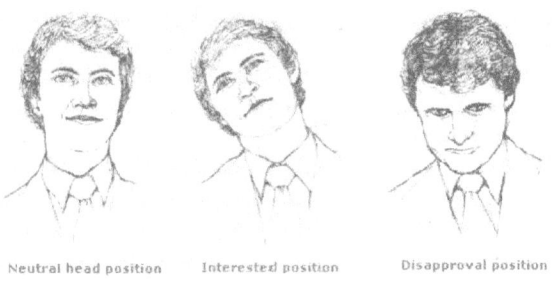

Neutral head position   Interested position   Disapproval position

Scoprite i Segnali

Ci sono specifici segnali di attrazione? Se sì, vediamo come possono essere espressi e come leggerli:
- Occhiate
È un fatto comune che il contatto visivo prolungato, il sorriso sincero o le strizzatine d'occhio sono forti segnali di attrazione. Quando una persona è attratta da voi, è incoraggiata a fissarvi anche per

persone timide o meno sicure. Allo stesso modo, una donna può distogliere lo sguardo a causa della vergogna mentre vi invia ancora sguardi di civetteria. Gli uomini d'altra parte possono tendere l'occhiolino o alzare le sopracciglia per illustrare interesse o attrazione

- Spazio Sociale
  Una donna seduta a un tavolo e attratta dall'uomo userebbe un oggetto sul tavolo come sostegno che la aiuti a ad avvicinarsi a un uomo. Può anche spostare il suo bicchiere di vino al centro del tavolo e piegarsi in avanti verso un uomo per tenerlo. Un simile gesto di attrazione può essere letto se una donna si sporge in avanti. Gli uomini possono davvero esagerare toccando braccia e spalle o sfregare una donna sulla schiena per mostrare intimità.

- Avere le guance arrossate e il rossore
  La ricerca ha dimostrato che quando una persona è attratta da voi, il suo sangue fluirà verso il viso e farà diventare la guancia rossa. Questo ha dimostrato di imitare l'effetto dell'orgasmo in cui una

persona è arrossita, che il corpo naturalmente viene attratto dal sesso opposto. Questo concetto tende a spiegare perché le donne indossano il fard. Un effetto simile accade anche agli occhi e alle labbra: dove le labbra bianche e rosse sono considerate più attraenti.

- Il potere della borsetta

Conosciuto anche come comportamento della borsetta, questo è un modo in cui una persona interagisce con l'ambiente in base alle proprie emozioni. Per esempio, una donna che è a disagio o disinteressata verso una persona può afferrarla saldamente o posizionarla per coprire il suo corpo. Ma per una signora interessata a un uomo, lei potrebbe non permettere a niente di frapporsi tra lei e la persona. Una signora che tiene la borsetta in modo sciolto, la mette su un tavolo o sul retro di una sedia mostra che è attratta; a meno che la vicinanza sia potenzialmente insicura.

Rilevare il "battito cardiaco"

Numerosi studi hanno confermato che un cuore umano batte forte quando è in compagnia di una persona o di persone a cui si è attratti. I "battiti cardiaci" funzionano in entrambi i modi. In uno studio di ricerca, la frequenza cardiaca delle persone è stata aumentata prima di essere posizionata vicino a estranei. Le persone sembrano essere più attraenti quando il cuore batte forte; così lo studio ha reso i partecipanti più attraenti per gli estranei.

La prossima volta che portate una persona a un appuntamento, osservate il loro aumento del ritmo respiratorio in quanto indica una frequenza cardiaca più alta. In alternativa, provate a tenere la mano e sentite la frequenza cardiaca sul palmo della mano. Questo può essere un modo per considerare se è il momento giusto per baciarle.

Osservate i loro piedi

Sapete che i piedi possono aiutarvi a sapere se piacete a qualcuno? I piedi possono aiutare a vedere il riflesso diretto della percezione o dell'atteggiamento di una persona. Qui è necessario valutare dove la persona punta i piedi: ad esempio, i piedi puntati direttamente verso di voi sono segnale di attrazione. Al contrario, se i piedi sono puntati verso l'uscita, questo potrebbe essere un segno di disinteresse.

Usare il Linguaggio del Corpo per Stimolare l'Autostima

Il modo in cui camminate, parlate, vi vestite o vi muovete parla molto del vostro carattere o del vostro umore e può determinare se le persone vi dedicano attenzione o meno. Nel caso in cui vi sentite non apprezzati o dubitate di voi stessi, potete imparare a cambiare il linguaggio del corpo per aumentare i livelli di confidenza. Provate a:

Mettervi in posizione eretta, in piedi o seduti

Questo è un semplice passaggio in cui dovete semplicemente raddrizzare la schiena dalle spalle ai fianchi. Assicuratevi che il torace sia sollevato e non state stravaccati. In base a diversi studi, stare in piedi o seduti con la schiena dritta vi fa sembrare attraenti e crea una buona impressione per le persone che vi vedono. Tendete a sembrare più magri o più alti e quindi potete aumentare la vostra stima.

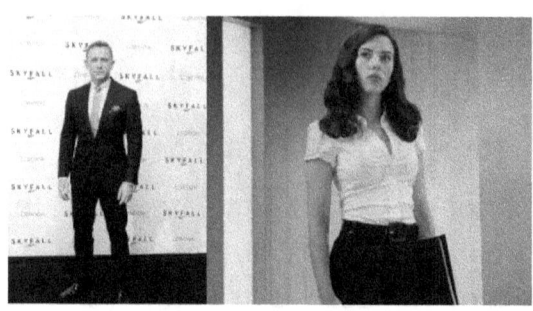

Sempre, assicuratevi di stare dritti e camminare a testa alta. Assumete il giusto equilibrio e siate consapevoli di come il vostro corpo si muove in modo da poter monitorare i messaggi che inviate inconsciamente. Tuttavia, fate tutto con calma e al tempo stesso composto per non apparire come un robot!

Tenete le braccia tese

Potete provare ad allungare le braccia come se volessi abbracciare qualcuno e poi apprezzare come vi sentite. Lo stretching delle braccia è noto per aumentare il livello di testosterone e quindi contribuire ad aumentare i livelli di confidenza. La ricerca ha dimostrato che quelle posture che vi rendono più piccoli fisicamente possono anche farvi sentire inferiori mentalmente.

Mani alzate, pugni chiusi

Queste posizioni di potere possono aiutarvi a creare fiducia, poiché la ricerca ha scoperto che queste azioni corporee possono servire come fonte non cosciente per facilitare l'autocontrollo. Quando eserciterete il potere, sarete in grado di usare la forza e il benessere. Un pugno chiuso può simboleggiare ribellione, ma può anche aiutarvi a combattere le abitudini autodistruttive. Con le mani alzate o i pugni chiusi, avete abbastanza forza o voce per farvi sentire.

Non parlare veloce

Non sembrerete superiori o intelligenti se avete un motore al posto della bocca. Al contrario, sembrerete confusi e creerete anche l'impressione che non pensate davvero a ciò che dite. Se parlate molto velocemente, provate a rallentare ad un ritmo costante e anche a sviluppare un ritmo nel discorso. Quando parlate, considerate la velocità di respirazione, fate una pausa ogni tanto e scegliete anche le parole con saggezza.

Usate le mani

Se siete un uomo, rendetevi conto che le donne ammirano gli uomini con buone mani, soprattutto se sapete come usarle. Potete sfruttare le mani per inviare un messaggio di fiducia. Cercate di incorporare le mani nelle conversazioni; rilassatevi e adottate movimenti fluidi per esprimere ed enfatizzare le parole. L'uso corretto delle mani mostra alle persone con cui state parlando che potete

esprimervi liberamente in modo confortevole. Metti il giusto equilibrio nei movimenti delle mani, non siate tremanti o irrequieti in quanto ciò potrebbe farvi sembrare femminili.
Per valutare come siete realmente, provate questa sfida d'azione: chiedete al vostro amico onesto di provare a imitarvi nel tentativo di darvi un'idea di come le altre persone vi vedono. In alternativa, riprendetevi o usate uno specchio per criticare onestamente e giudicarvi. Questo può aiutarvi a scoprire la vostra debolezza e aiutarvi a migliorare.

Abbraccio
Provate ad abbracciare una persona amata, specialmente quando salutate qualcuno o dite arrivederci. Gli esperti suggeriscono che quando abbracciate o tenete per mano, il vostro cervello produce ossitocina, una sostanza naturale che aiuta a monitorare la fiducia e la moralità. Quando abbracciate, vi sentite in pace, amati, sostenuti e motivati nella vita; dal momento che il vostro corpo si connette al cervello e alle vostre emozioni.

Abbracciatevi con i vostri amici intimi e la famiglia per costruire tanta sicurezza.

Il Linguaggio del Corpo per il Prestigio e la Leadership

Se volete mostrare prestigio e la leadership, dovete considerare di prendere posizioni dominanti dove le persone possono vedervi facilmente ed emularvi. Se siete un leader, provate a sedervi alla fine di un tavolo rettangolare, una sedia angolare o in mezzo a un gruppo. Per garantire che la vostra posizione dominante venga rilevata e rispettata dalle persone che incontrate, vi possono aiutare questi suggerimenti:

Mantenete il contatto visivo

Esplorate direttamente i vostri seguaci per contribuire a cancellare i sospetti di ansia, sfiducia e insicurezza. Un corretto contatto visivo aiuta a regolare la voce per ritrarre sicurezza, integrità e autorità. Raggiungerete una voce più bassa con energia migliorata e risonanza potenziata.

Compite gesti mirati

Sebbene i gesti siano molto efficaci, è necessario renderli più mirati piuttosto che casuali, ripetitivi o inconsci. Se non siete sicuri dei vostri gesti e della vostra direzione, provate a esercitarvi davanti allo specchio, con le mani posizionate sotto la cintura. Stringete una mano nell'altra e vedete come apparite. Quindi introducete la statura nella prossima sessione di pratica, le dita intrecciate; e vedete come apparite più centrati o radicati. Regolare le mani può aiutare a creare una grande differenza visiva.

Regolate le strette di mano

Se una persona dominante stringe la mano con il palmo verso il basso, questa dà l'impressione che lui o lei sia in cima. La persona può anche tendere ad usare la forza per schiacciare la mano dell'altro. Altri leader possono scegliere di tenere le mani degli altri per una durata prolungata per dimostrare di avere il controllo. Assicuratevi di apparire sinceri e accoglienti nonostante strette di mano ferme ma non aggressive. Per le donne, non usate strette di mano deboli perché potreste essere considerate meno fiduciose e passive.

Praticate la stretta di mano con colleghi, amici e familiari mentre mantenete il contatto visivo diretto. Quando salutate le persone, tenete il corpo in guardia verso l'altra persona, mentre le affrontate totalmente. Assicuratevi di raggiungere il giusto contatto palmo a palmo e che la vostre dita si tocchino in entrambe le mani. Quindi date una stretta di mano ferma.

Limitate le inclinazioni della testa

Inclinare la testa può essere usato per illustrare che siete coinvolti e attenti, ed è fondamentalmente un gesto femminile. Tuttavia, le inclinazioni della testa vengono elaborate in modo subconscio per mostrare che ci si sottomette a qualsiasi suggerimento. Come leader, volete proiettare potere e autorità e quindi limitate tali gesti. Tenete la testa dritta e mantenete una posizione più neutrale.

Occupate spazio

Ciò è particolarmente importante in un incontro di lavoro in cui è possibile esprimere il proprio status occupando fisicamente spazio. Le persone che sono meno fiduciose o di basso livello tendono a ritirare i loro corpi e ridurre le loro dimensioni. D'altra parte, volete mostrare il vostro status più alto quindi occupate spazio diffondendo il corpo o appartenenza personale.

Imparate ad interrompere

Anche se è necessario apparire amichevoli e socievoli, un leader non ha l'intenzione di aspettare così a lungo il proprio turno. Ad esempio, negli incontri di lavoro o in altri ambienti sociali, gli uomini parlano più spesso delle donne. Se non potete aspettare, imparate ad interrompere ma non fatelo in modo maleducato.

Conclusione

Grazie ancora per aver scaricato questo libro!

Spero che questo libro sia stato in grado di aiutarvi a conoscere il vostro linguaggio del corpo e come potete usare il corpo per proiettare ciò che desiderate.

Il passo successivo è iniziare a utilizzare le informazioni delineate in questo libro per utilizzare il linguaggio del corpo a proprio vantaggio.

Infine, se vi è piaciuto questo libro, sareste così gentili da lasciare una recensione per questo libro?

Cliccate qui per lasciare una recensione!

www.ingramcontent.com/pod-product-compliance
Lightning Source LLC
Chambersburg PA
CBHW071914070526
44583CB00016B/1982